Ya

g.253

LA VISION DE DANTE

AU PARADIS TERRESTRE.

(*Purgatorio*, canto XXIX, v. 16. — XXXII, v. 160.)

Traduction et commentaire par M. Bergmann.

Extrait de la Revue d'Alsace.

I.

La vision que Dante suppose avoir eue au Paradis terrestre n'a pas encore été jusqu'ici parfaitement comprise ni convenablement expliquée. Il importe donc d'en donner succinctement le vrai commentaire, en montrant quel a été le but du poète ou l'idée qu'il a voulu énoncer, et en interprétant les formes symboliques qu'il a choisies pour exprimer sa pensée.

Le grand poète florentin est convaincu que l'Empire et la Papauté sont, l'un et l'autre, d'institution divine ; qu'ils forment ensemble le meilleur gouvernement temporel et spirituel que présente l'histoire du monde ; qu'ils ont été préparés, dès la plus haute antiquité, par tous les gouvernements qui ont été comme leurs précurseurs ; qu'ils sont les gardiens et les Mentors de la chrétienté, et que si, l'un et l'autre, remplissent réellement leur devoir, les nations ne manquent pas de jouir d'un bonheur complet, sous le rapport moral, social et politique. Que si l'Italie est livrée à l'anarchie, à l'immoralité, et si elle est accablée de malheurs, cela provient de ce que les principes divins de l'Empire et de la Papauté sont méconnus, et ne sont même plus observés ni par le Pape ni par l'Empereur. C'est pourquoi voulant montrer la plaie sociale et politique de son temps, c'est-à-dire la dégénération de l'Empire et de la Papauté, Dante retrace l'histoire générale du gouvernement des peuples depuis son origine jusqu'au ⁱ siècle. Se conformant aux habitudes de la poésie de son temps, il e pose ce tableau historique, tracé à grands traits, sous la forme allégorique d'une vision qu'il a eue au Paradis terrestre, après qu'il fut parvenu à n'avoir plus besoin, pour lui-même, de gouvernement, et qu'il eut été couronné et mitré, comme étant dorénavant son propre pape et son propre empereur. La succession des gouvernements, dans les temps primitifs, ensuite, la préparation et l'arrivée de l'Empire et de la Papauté, et enfin, la grandeur et la décadence du pouvoir temporel et spirituel sont représentées, dans cette vision, sous la figure d'une procession, ou d'une série de tableaux montrant des personnages et des actions symboliques. La suite de ces tableaux et de ces personnages, se succédant dans l'espace, indique la succession des gouvernements dans le temps ou dans l'histoire. Aussi pour faire comprendre de quelle manière le poète florentin a conçu et exposé l'histoire de l'origine, de l'apogée, et de la dégénération de l'Empire et de la Papauté, est-il nécessaire d'expliquer ici la signification des personnages allégoriques, et des actions symboliques, que Dante suppose avoir aperçus successivement dans sa vision.

II.

Le Saint-Esprit a voulu être, de tout temps, le guide des gouvernements et des nations, et il s'est manifesté, dès l'origine, par ses sept Qualités ou Vertus appelées communément les sept Dons du Saint-Esprit. Ces Vertus divines sont à comparer à des *flambeaux* ou candélabres, qui éclairent le chemin du salut; elles sont comme la *tramontane* qui indique, ici-bas, la direction à suivre, pour arriver au port; elles sont comme un *porte-drapeau* qui guide l'humanité dans le combat de la vie, et la conduit à la victoire qui mène à la paix et au salut; elles sont, enfin, comme *l'arc-en-ciel*, qui, après le déluge, est devenu le symbole de la réconciliation et de l'alliance de Dieu avec le genre humain régénéré. Voilà pourquoi, dans sa vision, Dante voit d'abord avancer 7 flambeaux ou candélabres, venant du ciel ou du trône du Saint-Esprit. Ces flambeaux laissent après eux, brillant sans cesse dans la succession des siècles, sept longues traînées de lumière, qui ont les sept couleurs de l'arc-en-ciel. Ces traînées forment autant de longues *banderoles* ou *flammes*, s'étendant et flottant au-dessus de la tête des personnages de la procession, et leur servant à la fois de dais protecteur et de guide pour les maintenir dans la bonne direction ou dans la voie du salut.

> 6. Et voici qu'une lueur subite parcourut,
>   Par toutes ses parties, la grande forêt,
>   Telle que je doutai si ce n'était pas un éclair.....
> 15. Un peu plus loin, sept arbres d'or
>   Semblaient paraître, d'après le long espace,
>   Qui était encore entre eux et nous.

16. Mais lorsque je fus si rapproché d'eux
   Qu'un simple objet qui trompe le sens
   Ne pouvait plus, par la distance, dénaturer son être,
17. La faculté qui amène à la raison l'expression
   Reconnut comme des candélabres,
   Et l'Hosannah dans les voix chantantes.
18. D'en haut ce beau lustre flamboyait
   De beaucoup plus brillant que le clair de la lune
   Au milieu de la nuit, au milieu de son mois.....
22. Alors, les suivant comme leurs guides, je vis des gens
   Venir après, vêtus de blanc
   D'une blancheur telle comme jamais il n'en fut ici-bas....
25. Et je vis les flammes allant en avant
   Laisser derrière elles l'air coloré
   Et ressembler à des traits de pinceau ;
26. De sorte, qu'au-dessus, l'air resta peint
   De sept bandes, toutes des couleurs
   Dont Phébus fait son arc et Délie sa ceinture.
27. Ces étendards s'étendaient en arrière plus loin
   Que ma vue : et, à mon jugement,
   Dix pas séparaient ceux d'en-dehors.

III.

Après la manifestation du Saint-Esprit qui, depuis l'origine, s'est faite d'une manière *immédiate*, à l'humanité, par les sept dons spirituels, viennent dans l'histoire, comme manifestation *médiate*, ou faite sous l'inspiration du Saint-Esprit, la *Loi* et les *Prophètes*, qui sont représentés, dans la vision, par les auteurs inspirés des livres de l'ancien Testament. D'après la division de ces livres au nombre de 24, telle qu'elle a été adoptée par Saint Jérôme, ces écrivains sacrés marchent, dans la procession, également au nombre de vingt-quatre. Dante voit venir, après les sept candélabres, vingt-quatre vieillards, guidés et inspirés par les flammes qui flottent au-dessus de leur tête. Ils marchent sous le dais, deux à deux ; leurs vêtements sont blancs, indiquant symboliquement leur foi pure et éclatante. Ils portent des couronnes de fleur de lis, symboles de leur pureté morale. Tous chantent prophétiquement les beautés de la Vierge, annonçant ainsi l'Evangile dont ils ne sont, eux, que les préparateurs et les précurseurs.

28. Sous ce ciel si beau, à ce que j'ai compté,
   Vingt-quatre vieillards, deux à deux,
   S'avançaient, couronnés de fleurs de lis.

29. Tous chantaient : « Bénie sois-tu
« Entre les filles d'Adam ! et bénies
« Soient éternellement tes beautés !.... »

IV.

Le double gouvernement chrétien de l'Empire et de la Papauté est, selon Dante, le plus parfait des gouvernements, et a été préparé par Dieu, l'un depuis le temps des patriarches, et l'autre depuis la prise de Troie. Ce gouvernement parfait se compose de deux institutions qui, bien que différentes entre elles par leur nature, sont toutes deux également sacrées, savoir : le pouvoir séculier, représenté par l'Empire romain, qui est devenu plus tard le Saint Empire romain-germanique, et le pouvoir ecclésiastique, qui est représenté par la Papauté telle que l'a voulue et conçue le Saint-Esprit. L'Empire est institué pour maintenir l'ordre et la justice, et, pour les maintenir, il doit user de la force du glaive. La Papauté doit ramener l'homme à l'innocence première, par les moyens de la persuasion et de la charité. Ces deux pouvoirs, d'après la volonté de Dieu, sont tenus de se renfermer chacun dans ses attributions, et ne doivent pas empiéter l'un sur l'autre. Mais tous deux doivent tendre au même but, et imprimer à l'Etat et à l'Eglise une seule et même direction, celle qui est indiquée par les lumières des sept dons du Saint-Esprit.

Dans l'antiquité l'Etat était représenté symboliquement par un navire dirigé par le gouvernail, d'où le gouvernement a tiré son nom. Au moyen-âge les républiques italiennes représentaient le gouvernement séculier par le symbole du char municipal appelé *carroccio*, et l'Eglise était figurée par l'emblème de l'arche de l'alliance. Ne pouvant pas convenablement représenter, dans sa vision, l'Etat par un navire, et voulant indiquer l'unité intime qui doit exister entre le gouvernement séculier et l'Eglise, Dante a imaginé, pour désigner l'un et l'autre, un char triomphal, qui rappelle à la fois le *carroccio* municipal, emblème de la Cité et de l'Empire, et l'arche de l'alliance, symbole de l'Eglise et de la Papauté. La ligne médiane, comme dans le corps humain, divise le char en deux parties; la partie droite, le côté honorifique, figure l'Eglise ; la partie ou le côté gauche désigne l'Etat. Près de la roue droite qui marque le mouvement de l'Eglise se tiennent trois femmes, personnages symboliques des trois vertus théologales, la Foi, la Charité et l'Espérance. Près de la roue gauche, qui représente le mouvement de l'Etat et du pouvoir séculier, marchent les quatre vertus cardinales de la philosophie laïque, la Prudence, la Justice, la Force et la Tempérance.

Pour indiquer l'unité de direction qui doit être imprimée à l'Etat et à l'Eglise par le pouvoir séculier de concert avec le pouvoir ecclésiastique, le char de l'Etat et de l'Eglise n'a qu'un timon, comme le navire n'a qu'un gouvernail, et ce timon est le symbole de l'harmonie et de l'entente qui doivent exister entre l'un et l'autre pouvoir. Le gouvernement devant surtout être inspiré par la sagesse, le timon du char de l'Etat et de l'Eglise est fait, d'après Dante, du bois pris de l'Arbre de la science qui est placé au Paradis terrestre.

Si Dante avait pu représenter l'Etat et l'Eglise, comme on le fait ordinairement, par la figure symbolique d'un navire, il aurait aussi attribué le pouvoir dirigeant ou le gouvernement à une personne symbolique tenant le gouvernail. Mais ayant dû choisir pour emblême de l'Etat et de l'Eglise, au lieu d'un navire un char triomphal, il lui fallait aussi choisir, au lieu d'une personne tenant le gouvernail, une bête symbolique, attelée au timon, et qui non seulement traînait mais dirigeait aussi ou gouvernait le char.

Pour désigner symboliquement l'opposition qui existe entre nos passions et notre intelligence, le philosophe Platon imagine que le char de la nature humaine est attelé de deux coursiers dont l'un tend sans cesse à monter au ciel, et l'autre à descendre à terre. Voulant énoncer que le pouvoir séculier et le pouvoir ecclésiastique, malgré leurs différentes natures, doivent être unis de volonté, afin d'imprimer à l'Etat et à l'Eglise une seule et même direction, Dante a imaginé, pour désigner symboliquement cette unité d'impulsion, de direction, et de gouvernement, que le char est attelé, non pas de deux bêtes, différentes de tendance, mais d'une seule, ayant une volonté unique, et dirigeant d'après elle le char de l'Etat et de l'Eglise. Cependant comme l'Empire et la Papauté, bien qu'unis d'intention et de volonté, ont chacun une nature individuelle, Dante, pour indiquer à la fois cette unité d'âme ou de volonté, et cette dualité des natures, a choisi pour symbole un animal fabuleux, le griffon [1] qui, ayant la tête et les ailes d'un oiseau ou d'un aigle, et le poitrail et les jambes d'un quadrupède ou d'un lion,

---

[1] Chose incroyable! depuis le 14e siècle jusqu'à nos jours les commentateurs expliquent le griffon comme désignant Jésus-Christ, ayant deux natures, une nature divine et une nature humaine.

représente bien une seule volonté dans un corps bimorphe, et, par suite, l'unité du gouvernement impérial et papal dirigeant l'Etat et l'Eglise. Le gouvernement impérial est symbolisé, dans le Griffon, par les membres de l'aigle ; et comme l'Empire a l'éclat, la splendeur et la richesse mondaine, la tête et les ailes d'aigle du griffon sont faits d'or. La Papauté, au contraire, n'a que la foi pure et la charité ardente, qui sont représentées symboliquement par la couleur blanche et la couleur rouge. Aussi le poitrail et les jambes du Griffon sont-ils faits d'une pierre précieuse, d'une calcédoine qui, comme l'indique son ancien nom de *carnéole* qui signifie incarnat, et son nom hébraïque de *ôdèm* qui signifie rougeâtre, a une couleur également mélangée de blanc et de rouge. Comme le gouvernement impérial et papal doit diriger ensemble l'Etat et l'Eglise dans la voie du Saint-Esprit, indiquée par les banderoles des sept candélabres, le Griffon, levant ses ailes déployées au-dessus de sa tête, marche sous le dais formé par les banderoles ou flammes célestes qui lui servent à la fois de lisières ou de guides ; et pour qu'il ne dévie ni à droite ni à gauche, ses deux ailes élevées longent, des deux côtés en la dépassant en hauteur, la 4ᵉ banderole ou celle du milieu, de sorte que, dans son mouvement progressif et historique, le Griffon marche comme dans des coulisses, ayant entre ses ailes la flamme médiane, et évitant de toucher, de traverser, ou de couper avec ses ailes, par un mouvement désordonné, cette flamme dirigeante et les trois autres qui sont à sa droite et à sa gauche.

36. L'espace entre eux quatre renfermait
    Un char de triomphe sur deux roues
    Qui avançait tiré au collier par un Griffon.
37. Et celui-ci élevait l'une et l'autre aile
    Entre la bande médiane et les trois-ci et les trois-là,
    Si bien qu'en les fendant il n'endommageait aucune.
38. Tant elles s'élevaient qu'on les perdait de vue :
    Il avait les membres d'or en tant qu'oiseau,
    Les autres étaient blancs mélangé de vermeil....
41. En rond, près de la roue droite, trois Dames
    S'avançaient dansant ; l'une si rouge
    Qu'à peine on l'eût distinguée dans le feu.
42. L'autre était comme si les chairs et les os
    Eussent été faits d'émeraude ;
    La troisième semblait de la neige fraîchement tombée.

43. Et tantôt elles paraissaient conduites par la blanche,
Tantôt par la rouge ; et d'après le chant de celle-ci
Les autres réglaient leurs pas ou lents ou rapides.
44. A gauche menaient leur danse quatre autres
Vêtues de pourpre, et se réglant
Sur l'une d'elles qui avait trois yeux à la tête.

V.

En-dehors de la Chrétienté ou de l'Etat et de l'Eglise représentés par le Char, et en-dehors du gouvernement impérial et du gouvernement papal, représentés par le Griffon, il y a les gouvernements des peuples non-chrétiens. Par analogie avec les quatre monarchies, qui, d'après la vision de Daniel, sont symbolisés par quatre bêtes, Dante imagine également les peuples non-chrétiens au nombre de quatre. Il symbolise ces gouvernements par quatre chérubins qui sont les anges, les ministres ou les envoyés de Dieu auprès des infidèles et représentent, par leur quadruple figure ou par leurs membres d'homme, de lion, d'aigle et de bœuf, les quatre vertus laïques dont s'inspirent ces gouvernements placés en-dehors de l'inspiration du Saint-Esprit.

Les Chérubins ont trois paires d'ailes désignant le sacerdoce, la prophétie et la vision, qui sont les seuls moyens par lesquels les gouvernements non-chrétiens peuvent s'élever, quelque peu, au ciel ou au-dessus des intérêts mondains. N'étant pas dirigés par les sept Dons du Saint-Esprit, ces Chérubins, ou les gouvernements non-chrétiens qu'ils représentent, ne marchent pas comme le gouvernement impérial et papal, représentés par le Griffon, sous le dais céleste et ne sont pas maintenus dans la voie de la justice et de la vérité, par la flamme médiane ; ils ne peuvent que régler leur marche sur la marche du Griffon. C'est pourquoi Dante les voit, placés en-dehors des sept banderoles, et marchant, deux à deux, en avant et en arrière du char qui avance au milieu du carré formé par eux [1].

[1] Les *Chérubins*, symboles des gouvernements païens, correspondent, d'après la fiction de Dante, au *Griffon*, symbole du gouvernement de la chrétienté. Etymologiquement, les Chérubins correspondent également (ce que du reste Dante ne soupçonnait pas) aux Griffons, qui dans l'origine étaient identiques avec eux. En effet, le nom hébraïque de *Cheroub* était emprunté à la langue et à la mythologie assyrienne, et identique à un ancien mot perse, que les Grecs ont rendu par le nom de *grups*. Le nom de grups ou gryps, dont dérive, dans les langues romanes,

31. Comme à la lumière, la lumière succède dans le ciel,
   Vinrent après eux quatre animaux
   Tous couronnés de vert feuillage.
32. Chacun était empenné de six ailes,
   Aux plumes pleines d'yeux, et les yeux d'Argus,
   S'ils étaient vivants, seraient comme eux.
33. L'espace entre eux quatre renfermait
   Un Char de triomphe......

VI.

Le Char de l'Etat et de l'Eglise de la chrétienté est suivi, de près, par sept personnages marchant sous le dais céleste, et guidés par les banderoles du Saint-Esprit. Ce sont les sept Ecrivains sacrés principaux du Nouveau-Testament, savoir : Luc, l'historien de l'Evangile, depuis son origine jusqu'à la fondation de l'Eglise chrétienne ; il est accompagné de Paul, le fondateur des premières communautés chrétiennes chez les païens. Puis viennent l'évangéliste Mathieu accompagné de l'épistolographe Pierre, et l'évangéliste Marc marchant avec l'épistolographe Jacques. Le dernier écrivain sacré de ce groupe c'est Saint Jean, l'auteur de l'Apocalypse, des Epîtres et de l'Evangile qui portent son nom ; il marche entièrement absorbé dans ses méditations et ses visions. Tous ces personnages sont habillés de blanc, comme les écrivains sacrés de l'ancien Testament, ce qui indique qu'ils ont, comme eux, la foi éclatante et les mœurs pures. Mais au lieu de porter, comme eux, des couronnes de lis, symboles de l'innocence et de la foi, ils portent des couronnes de roses, symboles de la charité active ; tous portent, sur le front, l'auréole de l'inspiration.

45. Après tout ce groupe décrit
   Je vis deux vieillards, différents de vêtements,
   Mais pareils d'attitude vénérable et calme.
46. L'un se montrait comme un des familiers
   De ce grand Hippocrate que la nature
   Fit pour les animaux qui lui sont le plus chers.

celui de *Griffon*, était probablement aussi identique avec le nom de *Garoudas*, qui, en sanscrit, signifie *oiseau*, et désignait, dans la mythologie indienne, l'oiseau merveilleux que les Perses ont désigné, plus tard, sous le nom de *Simourg*. Cet oiseau est même devenu le symbole de Dieu, dans la philosophie mystique des Soufis. Voy. *La Poésie philosophique et religieuse chez les Persans*, etc., par M. GARCIN DE TASSY.

47. L'autre montrait une disposition contraire,
        Armé d'une épée brillante et aiguë
    Telle qu'en-deçà du ruisseau j'en eus peur.
48. Puis j'en vis quatre d'humble apparence,
        Et derrière tous un vieillard seul
    Venir, dormant, avec la figure inspirée.
49. Et ces sept, comme le premier groupe
        Etaient vêtus : pourtant de lis
    Ils n'avaient pas de couronne autour de la tête,
50. Mais de roses et d'autres fleurs vermeilles :
        Les voyant d'un peu loin on aurait juré
    Que tous étaient ardents au-dessus des sourcils

VII.

Dans les premiers siècles, le gouvernement impérial et papal se montre dans toute sa beauté et toute sa grandeur. Les anges et les saints se trouvent dans le Char de l'Etat et de l'Eglise, et rendent hommage, par leur charité et leur foi, au génie du christianisme représenté par Béatrice qui se trouve au milieu d'eux. Dante a compris que tout dans l'histoire, depuis les commencements, n'a été que la préparation de ce gouvernement suprême. Il voit les Ecrivains de l'ancien Testament se retourner vers l'avenir qui les suit, et préconiser Béatrice. Mais tout-à-coup la procession s'arrête ; ce qui signifie que le gouvernement de l'empereur et du pape a atteint dans l'histoire le point culminant de sa beauté et de sa gloire, que dorénavant le Char de l'Etat et de l'Eglise ne fera plus de progrès, mais qu'il rétrogradera ou que l'Etat et l'Eglise se dégraderont. C'est à ce moment d'arrêt, qui permet à Dante un examen historique plus approfondi, que lui apparaît, dans toute sa beauté, Béatrice ou le Génie du christianisme. Il reconnaît combien il avait eu tort de chercher en-dehors de Béatrice, le salut moral, social et politique pour lui-même et pour ses contemporains. Replacé par cette vision en présence de Béatrice qu'il avait aimée dans sa jeunesse, mais qu'il avait abandonnée pour d'autres systèmes moraux et politiques, il reconnaît ses erreurs et en fait sa confession sincère. Dans cette confession solennelle de Dante il ne s'agit pas, comme on l'a cru jusqu'ici, d'erreurs ou de peccadilles en fait d'amour, ou d'infidélités de sa part. Béatrice n'est pas ici, comme la plupart des commentateurs le pensent, la fille de Folco Portinari, l'objet de l'amour de Dante dans sa jeunesse, une amante ordinaire, jalouse et grondeuse ; elle est, ici, la transfiguration de cette femme terrestre, elle est le Génie sublime du christianisme, le reflet de la Très-Sainte Trinité. Dante n'est pas non plus représenté ici ainsi qu'on l'a cru généralement, comme un amant volage, un homme livré à de vulgaires passions, à des péchés condamnables. C'est l'homme juste et innocent qui a conscience de sa justice et de son innocence, qui, après avoir été purifié de tout péché, a été jugé digne d'entrer au Paradis terrestre, séjour de la justice et de l'innocence, et qui a été déclaré n'avoir plus besoin ni de pape ni d'empereur, étant arrivé à pouvoir être à lui-même son propre pape et son propre empereur. Ce n'est pas en cette qualité et avec ce caractère [1], ce n'est pas au Paradis terrestre, ce n'est pas dans ce moment solennel, que Dante aurait pu songer à faire ici, en amant vulgaire, une confession de ses infidélités en amour : il a des choses beaucoup plus importantes à confesser ; il confesse ses erreurs en philosophie politique qui l'ont empêché de reconnaître où se trouvait le véritable salut moral, social et politique pour lui, pour l'Italie, pour ses contemporains.

Après sa confession, qu'il a faite en présence de Béatrice ou de la conscience chrétienne, Dante obtient l'absolution plénière, qui, après les erreurs et les troubles de son esprit, lui rend la paix et le bonheur de l'âme. Pour qu'il oublie entièrement ses anciennes erreurs, cause de son tourment, il est plongé dans le fleuve *Léthé* (Oubli), par Mathilde [2] qui est le symbole du bonheur de l'innocence au Paradis terrestre. Il passe ensuite des mains des quatre Vertus philosophiques dans celles des trois Vertus théologales, qui lui font voir les yeux de Béatrice, c'est-à-

[1] Si l'on prétend, contrairement à la vérité, que Dante était orgueilleux, avaricieux et luxurieux, et qu'il avait lui-même conscience de ses dispositions à ces péchés, cela vient de ce qu'on a faussement interprété le *lion*, la *panthère* et la *louve* qui figurent au 1er chant de l'*Inferno*, comme signifiant l'*orgueil*, la *luxure* et l'*avarice*. Est-il donc si difficile de comprendre que ces animaux symboliques ne signifient autre chose que le parti *français*, le parti de *la cour de Rome*, et les partis de *Florence*, les Blancs et les Noirs? (Voy. *Dante et sa Comédie*, p. 12.)

[2] Cette Mathilde du Paradis terrestre n'a rien de commun avec la grande comtesse Mathilde qui a laissé, par donation, au saint-siége ses vastes possessions et que, pour cette raison, Dante a dû considérer comme la cause indirecte de la décadence du gouvernement papal. Mathilde était une demoiselle de Florence, amie de Béatrice ; et de même que Dante a fait de Béatrice la personnification du génie du christianisme, de même il a aussi fait de son amie Mathilde la personnification du bonheur de l'innocence. (Voy. *Dante et sa Comédie*, p. 9.)

dire la lumière et la pensée du christianisme. C'est dans les yeux de Béatrice, où se réflète l'image du Griffon, tantôt quant à sa nature de quadrupède, tantôt quant à sa nature d'aigle, que Dante surprend le secret du vrai gouvernement, et comprend les rapports qui doivent unir ensemble le pouvoir séculier et le pouvoir ecclésiastique.

42. Et quand le char fut vis-à-vis de moi
    Un tonnerre fut ouï, et ces dignes personnages
    Paraissant avoir défense d'aller outre,
    S'arrêtaient là avec les premières Enseignes.

Canto xxx. 1. Lorsque le Septentrion du premier ciel,
    Qui ne connut jamais ni coucher ni lever,
    Ni d'autres nuages que ceux du péché,

2. Et qui, là, instruisait chacun de son devoir
    Comme le nôtre, moins élevé, dirige celui
    Qui tient le gouvernail pour arriver au port,

3. Se fut arrêté, la gent infaillible,
    Venue la première entre le Griffon et lui,
    Se tourna vers le char comme vers la paix.

4. Et l'un d'eux, comme envoyé du ciel,
    S'écria : « *Veni sponsa de Libano*, »
    En chantant trois fois, et tous les autres après.

5. Tels, qu'au dernier appel, les bienheureux
    Se lèveront soudain, chacun de sa tombe,
    Chantant l'alléluia d'une voix qu'ils auront reprise,

6. Tels sur la divine basterne,
    Ad vocem tanti senis,
    Se levèrent cent ministres et apôtres de la vie éternelle.

7. Tous disaient : » *Benedictus qui veniss !* »
    Et d'en haut et à l'entour jetant des fleurs,
    « *Manibus o date lilia plenis !......* »

11. Sous un voile blanc et ceinte d'olivier
    Avec un manteau vert, une Dame m'apparut
    En robe couleur de flamme vive ;

12. Et mon esprit, bien qu'un long
    Temps se fût passé, qu'en sa présence
    Tremblant il n'avait éprouvé la stupeur,

13. Sans davantage la reconnaître des yeux,
    Par une vertu occulte qui d'elle émana,
    De l'ancien amour sentit la grande puissance....

20 Comme un amiral qui, de la poupe à la proue,

   Vient inspecter la gent qui sert

    Sur d'autres vaisseaux, et l'encourage à bien faire,

21. A la gauche du char.....

22. Je vis la Dame, qui déjà m'était apparue,

    Cachée sous l'expression angélique,

   Diriger vers moi les yeux d'au-delà du ruisseau......

34. Elle cependant immobile, sur le côté indiqué

    Du Char, debout, aux Substances bénignes

   Adressa ses paroles de la sorte :

39. « Celui-ci, dans sa vie nouvelle, fut tel

    « Virtuellement que toute habitude droite

   « Aurait donné en lui d'admirables preuves ;.,...

42. « Mais sitôt que je fus sur le seuil

    « De mon second âge, et que je changeai de vie,

   « Celui-ci se sépara de moi et se donna à d'autres.....

48. « Le haut décret de Dieu serait rompu

    « Si l'on passait le Léthé et que d'une telle nourriture

   « On goûtât, sans avoir payé l'écot

   « Du repentir, qui verse des larmes.

Canto XXXI. 8. « Alors Elle à moi : « A l'encontre de mes désirs,

    « Qui te menaient à aimer le bien

   « Au-delà duquel il n'est rien à quoi l'on aspire,

   « Quelles forceés opposeés, ou quelles chaînes

    « As-tu trouvées, que de passer au-delà

   « Tu dusses ainsi perdre l'espérance ?.... »

12. « Pleurant je dis : « Les choses présentes

    « Avec leurs faux plaisirs détournèrent mes pas

   « Sitôt que votre visage s'est caché..... »

30. Un remords si vif me déchira le cœur

    Que je tombai vaincu.....

31. Puis, quand le cœur me rendit les sens extérieurs

    La Dame que j'avais trouvée seule

   Je la vis au-dessus de moi; elle me dit : «Tiens-moi, tiens-moi...»

34. La belle Dame ouvrit les bras,

    M'embrassa la tête, et me plongea

   Où il convenait que je busse l'eau :

35. Ensuite elle me retira et m'introduisit ainsi baigné

    Dans la danse des quatre Belles,

   Et chacune d'un bras m'enlaça.

36 « Ici Nymphes nous sommes et dans le ciel Etoiles nous sommes,

    « Avant que Béatrice descendit dans le monde,

   « Nous lui fûmes destinées pour servantes.

37. « Nous te mènerons devant ses yeux ; mais pour l'agréable
    « Lumière, qui est en eux, les tiens seront aiguisés
    « Ci-près par les Trois qui voient plus profondément. »
38. Ainsi d'abord elles chantèrent : et puis
    Me menèrent au poitrail du Griffon,
    Où Béatrice, debout, était tournée vers nous.....
40. Mille désirs, plus ardents que la flamme,
    Lièrent mes yeux à ses yeux reluisants,
    Qui demeuraient fixés sur le Griffon.
41. Comme le soleil dans le miroir, tout ainsi
    La double Bête rayonnait dedans,
    Tantôt avec tels gestes, tantôt avec d'autres.
42. Pense lecteur ! si je m'étonnais
    En voyant la Bête ainsi immobile en soi
    Et se transformer dans son image.

VIII.

Le gouvernement impérial et papal, après avoir atteint son apogée, n'avance plus dans l'histoire ; dorénavant il ne fait que reculer et dégénérer. Aussi Dante voit-il la Procession, après s'être arrêtée pendant quelque temps, faire demi-tour à droite et se replier successivement en arrière, en suivant un chemin parallèle à celui par lequel elle était arrivée. Le Char de l'Etat et de l'Eglise tourne également à droite, et suit la tête de la colonne. Il est encore traîné et dirigé par le Griffon ; mais déjà le Pouvoir dirigeant ne remue plus ses ailes, il n'a plus le frémissement de l'inspiration du Saint-Esprit. Cependant Béatrice, le Génie du christianisme, reste encore, pour quelque temps, assise dans le Char du gouvernement. Le Griffon dirige le Char vers l'Arbre de la Science, qui depuis la désobéissance et la chûte de l'homme est resté dépouillé de feuilles, de fleurs et de fruits, comme frappé de malédiction ; mais il garde encore l'écorce sous laquelle se conserve sa sève primitive. Les Anges tutélaires de l'Etat et de l'Eglise louent le Griffon, c'est-à-dire le gouvernement impérial et papal, de n'avoir pas endommagé cette écorce et de ne pas s'être attaqué à la Science ou à ceux qui la cultivaient. Le Griffon, qui sait que la vraie science conduit à la vraie foi et sera, sous peu, pour le gouvernement séculier et ecclésiastique, le seul moyen de distinguer le bien et le mal, répond aux louanges qu'on lui donne que c'est dans cette Science que se conserve la semence de la justice gouvernementale de l'Empire et de la Papauté. Dorénavant la direction moyennant la Science remplacera l'Empire et la Papauté dégénérés qui disparaîtront. Aussi Dante voit-il, dans sa vision, que le Griffon ne continue plus à diriger le Char dont Béatrice vient de descendre, mais, s'étant arrêté et retourné, il attache le timon au tronc de l'Arbre de la science du bois duquel ce timon était fait. Dès ce moment le Char reste immobile, l'Etat et l'Eglise sont sans gouvernement, mais l'Arbre de la science reverdit et bourgeonne, et la sève monte dans ses branches, qui ont cela de particulier que plus elles montent plus elles s'élargissent, ce qui indique que plus la science s'élève, plus elle devient compréhensive, et que plus l'Empire et la Papauté sont élevés, plus leur science doit être étendue. A la vue de ce changement qui s'opère dans le régime politique de la chrétienté, Dante ne comprend plus le gouvernement qui n'est plus comme autrefois dirigé par le Saint-Esprit; son esprit se trouble, s'obscurcit, il tombe dans le sommeil, et, lorsqu'il se réveille, il retrouve Béatrice, le Génie du christianisme; mais elle est descendue du Char que ne dirige plus le Griffon, c'est-à-dire qu'elle a quitté l'Etat et l'Eglise qui ne sont plus gouvernés. Elle est assise au pied de l'Arbre de la science dont l'inspiration supplée au manque de gouvernement. Elle est l'unique gardienne veillant au salut de l'Etat et de l'Eglise. Auprès d'elle sont ses servantes, les trois Vertus théologales et les quatre Vertus philosophiques, tenant dans leurs mains les candélabres qui antérieurement avaient dirigé la marche de la procession. Le génie du christianisme, la science théologique et philosophique, et les grâces du Saint-Esprit, sont donc maintenant, en l'absence du vrai gouvernement impérial et papal, les seuls guides de la chrétienté.

De même qu'au siècle d'airain, Astrée ou la Justice, quittant la terre où elle avait séjourné, dans le siècle d'or et le siècle d'argent, s'en retourna au ciel d'où elle était descendue, de même le Griffon, le véritable gouvernement impérial et papal, s'en retourne maintenant au ciel avec le cortège formé des Ecrivains sacrés de l'ancien et du nouveau Testament. Le vrai Empire, la vraie Papauté n'existent donc plus sur la terre ; seulement l'Etat et l'Eglise sont encore gardés par le Génie du christianisme et par des hommes qui, comme Saint Bernard, Saint Dominique et Saint François, ont reçu les lumières de la science théologique et philosophique ainsi que les dons du Saint-Esprit.

Canto XXXII. 6. Je vis ayant tourné à droite
   La glorieuse Armée, et elle s'en retourna
   Ayant le soleil et les sept Flammes en face.
 7 Comme sous les boucliers, pour se sauver,
   Une bande tourne et retourne avec son drapeau
   Avant qu'elle puisse entièrement changer de direction,
 8. Ainsi cette milice du céleste empire,
   Qui précédait, défila toute
   Avant que le timon eût tourné le Char.
 9. Puis, près des roues, se replacèrent les Dames
   Et le Griffon mut le Char béni,
   De manière cependant qu'aucune penne ne s'agita.
10. . . . . . . Nous suivions la roue
   Dont l'orbite traça le plus petit cercle.....
12. Peut-être en trois volées une flèche délivrée
   Mesure autant d'espace que nous en avions
   Parcouru, quand Béatrice descendit.
13 Je les ouïs tous murmurer : « Adam ! »
   Puis ils entourèrent un arbre dépouillé
   De fleurs, et de feuillage en tous ses rameaux.
14. Sa ramure, qui s'étend d'autant plus
   Qu'elle s'élève plus haut, serait par les Indiens
   Admirée, dans leurs forêts, pour sa hauteur.
15. « Sois heureux ! Griffon ! que tu n'enlèves rien
   « Avec le bec, de cet arbre doux au goût,
   « Car ensuite tristement se tord le ventre. »
16. Ainsi autour de l'Arbre robuste
   Crièrent les autres ; et l'Animal biforme :
   « Ainsi se conserve la semence de toute justice. »
17. Et, tourné vers le timon qu'il avait tiré,
   Il le traîna au pied de la ramure veuve,
   Et ce qui en était pris y laissa attaché....
20. Non pas tant de roses mais plutôt de violettes
   Ayant pris la couleur, l'Arbre se raviva,
   Qui auparavant avait les rameaux si dépouillés.....
24. Je passe au moment où je me réveillai......
29. Et plein de trouble je dis : « où est Béatrice ? »
   Et elle : « Vois-la, sous le feuillage
   Nouveau, assise sur sa racine : »
30. « Vois la compagnie qui l'entoure :
   « Les autres à la suite du Griffon s'en vont en haut
   « Avec un chant plus doux et plus mystérieux. »

31. Seule elle était assise sur la vraie terre,
   Comme une garde laissée près du Char
   Que j'avais vu attacher par la Bête biforme.

IX.

La justice et la loyauté ne dirigeant plus le pouvoir séculier et ecclésiastique, la violence et la fraude pénètrent dans l'Etat et dans l'Eglise. Aussi Dante voit-il déchirer l'écorce et briser les feuilles et les fleurs nouvelles de l'Arbre de la science, ce qui signifie que le pouvoir impérial persécute les sages et les saints qui, par leur vie studieuse et contemplative, ont fait reverdir l'Arbre du Paradis terrestre. Il voit également la violence astucieuse, semblable à la tyrannie de Hérode le *Renard*, et l'avidité astucieuse, semblable à celle des *renards* de la Parabole, qui dévastent la vigne du Seigneur, pénétrer, sous la forme d'un renard maigre, dans le char de l'Etat et de l'Eglise. Cependant le Génie du christianisme ou Béatrice qui garde ce char délaissé, parvient encore à en chasser, par son ascendant, cet animal pernicieux. Mais le pouvoir séculier devient cause d'un plus grand dégât; il porte le plus grand désordre dans l'Eglise par les donations qu'il lui fait. Car, en augmentant ainsi par elles les richesses de l'Eglise, il lui fait oublier complètement la pauvreté et l'humilité, qui étaient comme le fond de cette arche sainte. L'esprit de Satan enlève ce fond spirituel, le remplaçant par des plumes, c'est-à-dire par des donations, des légèretés, des vanités et des richesses mondaines. Dès lors Dante voit le Char de l'Etat et de l'Eglise, ou le gouvernement impérial et papal, se transformer et se dénaturer monstrueusement. En effet le Char sacré qui est attaché à l'Arbre de la science fait sortir, sur son timon, trois têtes avec deux cornes, et, à chacun de ses quatre coins, une tête avec une corne; ce qui signifie qu'à la place d'un seul empereur, on voit dans le gouvernement de la chrétienté, quatre princes se disputant l'Empire; et, au lieu d'un seul pape, on en voit surgir trois, portant chacun une mître à deux cornes.

37. Jamais d'un mouvement si rapide ne descendit,
   Quand il pleut, le feu, d'un nuage épais,
   Du point du ciel le plus éloigné,
38. Que je vis fondre l'oiseau de Jupiter
   En bas de l'Arbre, brisant même de l'écorce,
   Et non seulement des fleurs et des feuilles nouvelles.

39. Et de toute sa force il frappa le Char,
   Qui ploya comme un navire en danger,
  Submergé par l'onde, tantôt à tribord, tantôt à babord.
40. Ensuite je vis se précipiter dans la caisse
   Du Véhicule triomphal une Renarde
  Qui paraissait à jeun de toute bonne pâture.
41. Mais en lui reprochant ses laides coulpes
   Ma Dame la fit fuir aussi vite
  Que le permirent ses os décharnés.
42. Ensuite par où d'abord il était venu
   Je vis l'Aigle descendre dans l'Arche
  Du char et la laisser jonchée de ses plumes.
43. Et telle qu'elle sort d'un cœur qui s'afflige,
   Telle sortit une voix du ciel, et ainsi disait :
  « O ma nacelle ! comme tu es mal chargée ! »
44. Puis il me semblait que la terre s'ouvrait
   Entre les deux roues, et j'en vis sortir un Dragon
  Qui, à travers le Char, enfonça sa queue soulevée.
45. Et, comme une guêpe qui retire l'aiguillon,
   Ainsi ramenant à soi la queue maligne,
  Il arracha la partie du fond, et s'en alla tout joyeux.
46. Ce qui en resta, comme de gazon,
   Une terre vivace, ainsi de plumes (offertes
  Peut-être avec une intention pure et bonne)
47. Se recouvrit, et en furent recouverts
   L'une et l'autre roue et le timon en moins de temps
  Qu'un soupir ne tient la bouche ouverte.
48. Ainsi transformé ce saint Edifice
   Fit sortir, sur ses parties, des têtes,
  Trois, sur le timon, et une, à chaque coin.
49. Les premières étaient cornues, comme des bœufs,
   Mais les quatre avaient une seule corne au front,
  Pareil monstre n'a jamais été vu.

X.

La Papauté symbolisée par la louve romaine, au lieu d'être la légitime épouse de l'Empire, ne reste pas fidèle à l'Empereur, mais, devenant louve dans un autre sens, elle se prostitue aux différents princes et aux différents partis politiques, principalement aux rois de France et à leur parti en Italie. Lorsqu'un jour elle s'avise d'intriguer avec le parti florentin, représenté par Dante, ambassadeur de Florence, le parti

français, dans sa jalousie, maltraite la cour de Rome, et parvient, par ses violences, à enlever enfin complètement le Char défiguré, ce simulacre monstrueux qui restait encore de l'ancien gouvernement impérial et papal.

50. Orgueilleuse, comme une forteresse sur une haute montagne,
    Assise dessus, une prostituée débraillée,
    M'apparut, promenant vite son regard tout autour.
51. Et comme veillant pour qu'elle ne lui fût pas enlevée
    Je vis debout à son côté un Géant ;
    Et tous deux se baisaient de temps en temps.
52. Mais lorsque son regard avide et vagabond
    Se tourna vers moi, cet Amoureux féroce
    La flagella de la tête aux pieds.
53. Ensuite, plein de soupçon et âpre de colère,
    Il détacha le Monstre et le traîna par la forêt
    Tant que celle-ci, seule, devint pour moi un bouclier
    Contre la Prostituée et cette nouvelle Bête.

XI.

Le vrai pouvoir impérial et papal a disparu complètement de la chrétienté ; tel était, au jugement de Dante, l'état de l'Empire et de l'Eglise de son temps. Mais cet état ne durera pas. Aussi la vision de Dante se termine-t-elle par une prédiction faite par Béatrice, le Génie du christianisme, dont la puissance finira par prévaloir contre les principes pernicieux suivis par les gouvernements chrétiens. Béatrice prédit avec assurance le rétablissement de l'ancien Empire et de la véritable Papauté. D'abord, dit-elle, l'Empire ne sera pas toujours sans héritiers dignes de leur mission divine ; et ensuite, Dieu et l'empereur chargeront un prince italien de ramener la Papauté à sa vraie nature, en lui enlevant les donations et son pouvoir séculier, qui ont été la cause de sa décadence et de sa chûte. Le prince qui, dans l'opinion de Dante, sera, sous ce rapport, le Sauveur de l'Italie ainsi que le Restaurateur du véritable gouvernement impérial et papal est le seigneur de Vérone, *Can* (Chien) *della Scala*, surnommé le Grand (Grande). Ce prince dont Dante, qui avait vécu pendant quelque temps à sa cour, connaissait les qualités éminentes et les bonnes dispositions politiques, et dont il avait conçu de grandes espérances pour la réalisation de son idéal gouvernemental, était encore bien jeune à l'époque où le poète composa cette Vision ou

Prophétie. Dante lui avait déjà attribué le rôle politique de *Sauveur* de l'Italie, dans le premier chant de l'Enfer, où il l'a désigné sous le nom de *Lévrier* (Veltro), c'est-à-dire chien de chasse, (can) qui chassera la *Louve* ou Rome, en tant que puissance séculière, de ses provinces ou possessions situées entre Feltro, ville de la marche de Trévise, et le mont Feltro dans la Romagne. C'est aussi à ce seigneur que Dante a dédié, comme suprême expression de son estime et de ses espérances, la dernière partie de son poème, le Paradis. Dans la prophétie qui termine ici la Vision de Dante, Béatrice désigne ce prince sous le nom latin énigmatique [1] de *Dux* (Duc), parce que *Can della Scala* avait été nommé, par l'empereur, duc ou représentant de l'Empire en Italie; et elle énonce ce titre de *duc* (DVX), d'une manière plus énigmatique encore, par l'expression de *cinq cent-dix-cinq* (D.X.V.) énonçant ainsi la valeur numérique des lettres DVX, dont se compose ce nom. Dante mourut sans avoir vu se réaliser, de son vivant, les espérances qu'il avait conçues de Can Grande. Ce prince ne les réalisa pas même, plus tard, après la mort de l'illustre poète. Mais du moins Dante mourut sur la terre d'exil, avec la ferme conviction que l'Italie sera sauvée lorsqu'elle aura été ramenée aux vrais principes du gouvernement séculier et ecclésiastique, et lorsque le vrai Griffon reviendra de nouveau du ciel sur la terre diriger, sous la conduite et l'inspiration du Saint-Esprit, le Char sacré de l'Etat et de l'Eglise.

Canto XXXIII. 1. « *Deus venerunt gentes*, » ainsi alternant,
   Tantôt trois, tantôt quatre, les Dames
  Commencèrent, en pleurant, cette douce psalmodie.
 2. Et Béatrice, soupirant avec compassion,
   Les écoutait, si défaite, que pas beaucoup
  Plus, sous la croix, Marie n'était altérée.
 3. Mais lorsque les autres vierges donnèrent lieu
   A elle de parler, se levant droite sur ses pieds,
  Et colorée comme le feu, elle répondit :
 4. « *Modicum et non videbilis me*,
   « *Et iterum*, mes chères sœurs !
  « *Modicum, et vos videbitis me.* »
 5. Puis elle mit devant elle toutes les sept,
   Et après elle, seulement en faisant un signe, elle fit marcher
  Moi et la Dame. . . . . . .

[1] Voy. *Les Chants de Sôl*, p. 161.

— 20 —

6. Ainsi allait-elle et je ne crois pas qu'elle eût
   Posé à terre son dixième pas,
   Quand de ses yeux elle frappa mes yeux.

11. Et Elle à moi : « De crainte et de honte
    « Je veux que désormais tu te dépouilles,
    « De sorte que tu ne parles plus comme un homme qui rêve.

12. « Sache que le Vaisseau que le Serpent a brisé
    « Fut et n'est plus : mais que Celui qui en a la coulpe
    apprenne
    « Que la vengeance de Dieu ne craint pas la soupe.

13. « Il ne sera pas toujours sans héritiers,
    « L'Aigle qui laissa dans le Char les plumes
    « Par quoi il devint un monstre et puis une proie.

14. « Car je vois certainement (et pour cela je l'annonce),
    « Déjà tout proches, pour en donner le temps, des étoiles
    « Dégagées de tout obstacle et de tout empêchement,

15. « Où un *Cinq-cent dix et cinq*.
    « Envoyé de Dieu, détruira la Prostituée
    « Et le Géant qui péchait avec elle.

18. « Toi ! note ; et telles que par moi sont énoncées
    « Ces paroles, enseigne-les à ceux qui vivent
    « De cette vie qui est une course à la mort.

19. « Et souviens-toi, quand tu les écriras,
    « De ne pas cacher ce que tu as vu de l'Arbre
    « Qui pour la deuxième fois a été ici dépouillé.

20. « Quiconque le dépouille, ou le brise,
    « De fait et avec blasphème offense Dieu
    « Qui seulement pour l'usage divin le créa sacré.

21. « Pour l'avoir mordu, dans la peine et l'attente
    « L'Ame première, pendant cinq mille ans et plus,
    « A aspiré vers Celui, qui, sur soi, a puni la morsure. »

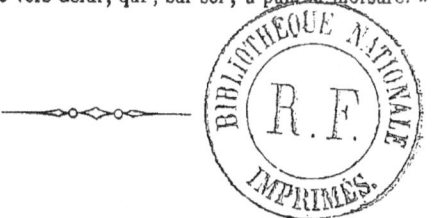

Colmar, Imprimerie et Lithographie de Camille Decker.

www.ingramcontent.com/pod-product-compliance
Lightning Source LLC
Chambersburg PA
CBHW071309080426
42451CB00026B/1744